AF357089

L'ESTÉ
DES
COQUETTES,

COMEDIE.

DE Mr DANCOURT.

A PARIS,

Chez **PIERRE RIBOU**, proche les
Augustins, à la descente du Pont-neuf,
à l'Image S. Loüis.

M. DCCI.

AVEC PRIVILEGE DU ROY.

À MADAME

DES HOULIERES.

 *ADAME,*

Le grand succés de cette Comedie n'est qu'une suite des applaudissemens que vous lui avez donnez dans la lecture

que j'ai eu l'honneur de vous en faire. Agréez, je vous prie, que je vous en remercie publiquement, & qu'en vous la dediant je lui assure une éternelle réussite pour l'avenir. Tout ce qu'il y aura jamais de personnes d'esprit, & de bon goût, se feront toûjours un devoir de regler leurs sentimens sur les vôtres, & vous êtes en droit de decider souverainement du prix des Ouvrages & du Merite des Hommes. Je vous avouë de bonne foi, MADAME, que c'est ce qui me fait rechercher avec empressement l'hon-

neur de vôtre estime, & je
suis persuadé qu'il n'y a pas
de meilleur moyen pour meri-
ter celle de tout le monde. Je
suis avec respect,

MADAME,

Vôtre tres-humble & tres-
obéïssant serviteur,
DANCOURT.

ACTEURS.

Mr SIMON, Notaire.

ANGELIQUE, Femme de M. Simon.

Mr GRIFFARD, Commissaire.

ARAMINTE, Femme de M. Griffard.

MARIANE, Fille de M. Simon.

LISETTE, Fille de Chambre d'Angelique.

Me AMELIN, Marchande.

LE CHEVALIER, Amoureux de Mariane.

FRONTIN, Intriguant.

Mr JOSSE, Orfévre.

JASMIN, Laquais d'Angelique.

La Scene est à Paris, dans le Logis de Monsieur Simon.

LES

EXTRAIT DU PRIVILEGE
du Roy.

PAR Grace & Privilege du Roy, donné à Paris le vingt-huitiéme Aoust 1695. Signé, Par le Roy en son Conseil, LE FEVRE. Il est permis à THOMAS GUILLAIN, Marchand Libraire à Paris, de faire imprimer, vendre & debiter *Le Récueil des Comedies du Sieur Dancourt*, pendant le temps de six années, à compter du jour qu'elles seront achevées d'imprimer pour la premiere fois, en vertu des presentes ; pendant lequel temps tres-expresses inhibitions & deffenses sont faites à toutes personnes de quelque qualité & condition qu'elles soient, de faire imprimer, vendre ny debiter d'autre Edition que de celle de l'Exposant, ou de ceux qui auront droit de luy, à peine de quinze cens livres d'amendes, payables sans déport par chacun des Contrevenans, de confiscation des Exemplaires contrefaits, & de tous dépens, dommages & interests, & autres peines portées plus au long par lesdites Lettres de Privilege.

Registré sur le Livre de la Communauté des Imprimeurs & Libraires de la Ville de Paris, le premier. Septembre 1695.

Signé P. *AUBOUYN*, Syndic.

Achevé d'imprimer pour la premiere fois en vertu des presentes, le   1701.

ACTEURS.

ANGELIQUE.

LISETTE, Suivante d'Angelique.

CIDALISE, Amie d'Angelique.

DES SOUPIRS, Maiſtre à chanter.

L'ABBE' CHEUREPIED.

LA COMTESSE de Martin-ſecq.

MONSIEUR PATIN, Financier.

CLITANDRE.

JASMIN, Laquais d'Angelique.

LA FLEUR, Laquais de Monſieur
Patin.

*La Scene eſt dans la maiſon
d'Angelique.*

L'ESTÉ
DES
COQUETTES,
COMEDIE.

SCENE PREMIERE.

ANGELIQUE, LISETTE.

LISETTE.

H ç'a, Madame, parlons un peu raison, s'il nous est possible.

ANGELIQUE.

Oh, ma chere enfant, laisse-moy en repos, je te prie. Le seul mot de raison me fait mourir à mon âge ; faite comme je suis, je passerois pour folle dans le monde, si l'on me soupçonnoit seulement de sçavoir ce que c'est que la raison.

A iij

LISETTE.

Hé bien soit, parlons donc caprice, puisque le terme de raison vous effarouche. Comment vous accommodez-vous de celuy qui a pris à Madame voſtre mere de vouloir vous faire épouſer voſtre vieux couſin.

ANGELIQUE.

Le mieux du monde. Ma mere me paſſe tant de bagatelles, je ſerois bien injuſte de ne luy pas ſouffrir au moins la liberté de vouloir de certaines choſes.

LISETTE.

Quoy ! vous l'épouſerez.

ANGELIQUE.

Nullement.

LISETTE.

Et Madame voſtre mere ?

ANGELIQUE.

Je ſeray toujours complaiſante & ſoûmiſe à ſes volontez, je me feray un devoir de luy obeïr aveuglement ; mais je prendray ſi bien mes meſures, que Monſieur mon couſin ne voudra point de moy.

LISETTE.

Il n'y a rien de mieux imaginé.

ANGELIQUE.

Je ne regarde le mariage qu'avec frayeur, ce que j'en entens dire me fait fremir, c'eſt un engagement que mille perſonnes ſe repentent d'avoir pris, dont aucune n'est satisfaite. Il n'est point de femmes qui s'en loüent, & les plus modestes croyent beaucoup faire de ne s'en pas plaindre.

LISETTE.

Ma foy je ne suis pas de vostre sentiment, ce que j'entens dire du mariage ne m'en dégoute point du tout, & ce que j'en imagine me paroist tout à fait joly.

ANGELIQUE.

Tu feras bien de t'en tenir à l'imagination pour n'estre pas détrompée.

LISETTE.

Vous n'avez pas toujours esté dans ce goust là, & Clitandre...

ANGELIQUE.

Le temps du depart est venu bien à propos, sans le voyage d'Allemagne, j'aurois peut-estre fait l'extravagance de l'épouser.

LISETTE.

Mais vous l'aimez.

ANGELIQUE.

Je ne sçay. Il ne m'ennuye pas tant qu'un autre, je luy trouve plus d'esprit, des manieres plus tendres & plus insinuantes, la conversation plus enjoüée, le cœur mieux fait...

LISETTE.

Vous aviez du plaisir à le voir?

ANGELIQUE.

Ouy,

LISETTE.

Vous receviez ses lettres avec joye?

ANGELIQUE.

Ouy,

LISETTE.

Son absence vous fait peine ?

ANGELIQUE.

D'accord.

LISETTE.

Les dangers où il peut estre exposé vous
causent de l'inquietude?

ANGELIQUE.

Beaucoup je te l'avouë.

LISETTE.

Et vous ne sçavez si vous l'aimez !

ANGELIQUE.

Non, il me semble que je n'aime per-
sonne.

LISETTE.

Mort de ma vie la voix publique est donc
bien injuste.

ANGELIQUE.

Comment ?

LISETTE.

Elle vous accuse d'aimer tout le monde.

ANGELIQUE.

Non, de bonne foy je n'aime person-
ne ; mais je suis ravie d'estre aimée, c'est

ma folie, j'en demeure d'accord.
LISETTE.
C'eſt celle de toutes les jolies femmes, & vous eſtes folle à meilleur titre que pas une.
ANGELIQUE.
Cependant je ne ſuis point Coquette, & tout ce que je fais n'eſt que ſimple curioſité.
LISETTE.
Curioſité !
ANGELIQUE.
Ouy, je me plais à connoiſtre les diffe-tens effets que l'eſprit & la beauté peuvent produire dans les cœurs.
LISETTE.
N'entre-t'il point auſſi un peu de malice dans voſtre fait.
ANGELIQUE.
Quelquefois mon Maiſtre à chanter, par exemple. Je ne ſeray point contente que je ne l'aye fait mettre aux petites Maiſons.
LISETTE.
Vous luy fiſtes paſſer dernierement une bonne nuit ſous vos feneſtres.
ANGELIQUE.
Si la pluye n'avoit ceſſé, je ne luy aurois donné audiance qu'à onze heures du matin.
LISETTE.
Ma foy, Madame, vous n'avez point de

confcience. Il eftoit percé jufqu'aux os.

ANGELIQUE.

Ne fuis-je pas heureufe de fçavoir me divertir de toutes fortes d'originaux.

LISETTE.

Ouy vrayment, & je commence à connoiftre qu'une fille d'efprit n'a jamais le loifir de s'ennuyer.

ANGELIQUE.

Il eft bon de s'accommoder au temps & aux fituations où l'on fe trouve,

LISETTE.

Vous avez raifon.

ANGELIQUE.

Tant que durera la guerre, fi l'on ne s'humanifoit un peu, on mourroit d'ennuy tout l'Eté.

LISETTE

Affurément.

ANGELIQUE.

Il faut fe faire une occupation dans la vie.

LISETTE.

Il n'y a rien de plus loüable.

ANGELIQUE.

J'y trouve une efpéce de merite mefme, on polit un homme de Robe, on apprend à vivre à un Abbé, on met un jeune homme dans le monde, l'Hyver vient infenfiblement, & l'on fe retrouve dans fon centre.

LISETTE.
Que la conduite est une belle chose,

SCENE II.

ANGELIQUE, LISETTE, JASMIN.

JASMIN.

DE la part de Monsieur Patin, Madame;

ANGELIQUE.

Qu'on fasse entrer. Il m'envoye l'argent que je luy gagnay hier au soir. Ton Maître est bien exact.

SCENE III.

ANGELIQUE, LISETTE, LA FLEUR.

LA FLEUR.

IL seroit venu luy-mesme, Madame; mais il a eu ce matin des affaires au grand Bureau.

ANGELIQUE lit.

Vous m'avez ruiné, Madame, & je ne puis vous payer comptant que deux cens pistoles. Je vous envoye pour nantissement des cent autres un diamant que vous avez trouvé beau, & que je reprendray pour mille écus toutesfois & quantes. Fait à Paris en mon Bureau l'an de grace 1690. & du Bail courant le troisiéme.

CESAR-ALEXANDRE PATIN.

LISETTE.

Les beaux noms pour un Financier.

ANGELIQUE.

Voila des manieres tout-à-fait galantes.

LISETTE.

Et tres-solides. Il y a peu de gens qui puissent écrire si noblement.

ANGELIQUE.

Prenez cette bourse, Lisette, & donnez dix Loüis à ce Valet de Chambre.

LA FLEUR.

Voila le diamant Madame ;

ANGELIQUE.

Dis a-t'on Maistre que je veux souper ce soir avec luy. S'il ne vient pas, nous nous broüillerons ensemble.

LISETTE.

Cesar-Alexandre Patin est un Financier fort bon à décrasser Madame.

ANGELIQUE.

ANGELIQUE.

C'eſt à moy qu'il eſt redevable du peu
de Nobleſſe qu'il commence à mettre dans
ſes manieres.

LISETTE.

Eh , Madame , voila Cidaliſe. Il y a
mille ans que vous ne l'avez veuë.

SCENE IV.

ANGELIQUE, CIDALISE, LISETTE.

ANGELIQUE.

EH bon jour mon aimable petite , &
d'où ſortez-vous ?

CIDALISE.

J'auray tout le temps de vous le dire ,
je viens paſſer avec vous toute la journée.

ANGELIQUE.

J'en ſuis ravie.

LISETTE.

Nous ne nous ennuyrons pas aujour-
d'huy.

CIDALISE.

Nous dînerons aux bougies premiere-
ment , j'ay des chagrins que je veux diſſi-
per par quelque plaiſir extraordinaire.

B

ANGELIQUE.
Tu seras contente ? Es-tu mariée ;

CIDALISE.
Le Ciel m'en preserve :

ANGELIQUE.
Et ton vieux tuteur est-il mort ?

CIDALISE.
Non, c'est un tuteur eternel :

ANGELIQUE.
Te veut-il toujours épouser ?

CIDALISE.
Il me persecute plus que jamais.

ANGELIQUE.
Me hait-il toujours,

CIDALISE.
En perfection. Il est pour vous ce que
vostre mere est pour moy.

ANGELIQUE.
Ma mere est à la Campagne,

CIDALISE.
Et mon Persecuteur aussi.

LISETTE.
L'heureuse rencontre :

CIDALISE.
Lisette donne cette pistole à mes por-
teurs, tant qu'elle durera qu'ils ne sortent
point du Cabaret.

LISETTE.
Cela est de fort bon sens.

SCENE V.

ANGELIQUE, CIDALISE.

ANGELIQUE.

HE' bien, ma chere enfant, comment vont tes affaires ?

CIDALISE.

Tout-à-fait mal, & je suis à la veille de prendre le party d'un Convent.

ANGELIQUE.

Le party d'un Convent !

CIDALISE.

Quand on ne peut vivre heureuse au monde, n'est-ce pas estre sage d'y renoncer?

ANGELIQUE.

Et qui t'empesche d'estre heureuse ?

CIDALISE.

Le Testament de mon pere qui m'atta-che à ce que je hais, & qui ne me permet pas d'estre à ce que j'aime.

ANGELIQUE.

Quoy ! tu t'amuse à aimer ? es-tu folle à ton âge aimer ; tu n'y songe pas.

CIDALISE.

Comment donc ?

ANGELIQUE.

Je ne m'étonne pas que tu te trouves malheureuse.

CIDALISE.

Est-ce que tu n'aime pas , toy ?

ANGELIQUE.

Non , vrayment. Je souffre qu'on m'aime ; & quand je ne me fâche point de me
l'entendre dire , je pretends qu'on m'a
grande obligation.

CIDALISE.

Nous ne nous ressemblons donc guere ;
car pour moy je sçay toûjours gré aux personnes qui m'aiment , & de tous ceux qui
me l'ont dit , je n'ay jamais hay que mon
tuteur.

ANGELIQUE.

Tu as donc grand nombre d'Amans ?

CIDALISE.

Oüy , mais je n'en aime qu'un , & s'il
m'aime toûjours, je l'aimeray toute ma vie.

ANGELIQUE.

Et quel est cét heureux mortel ?

CIDALISE.

Tu ne le connois pas.

ANGELIQUE.

Peut-estre on le nomme ?

CIDALISE.

Je n'ay rien de caché pour toy, on l'appelle Clitandre.

ANGELIQUE.

Clitandre, dites-vous ?

CIDALISE.

Tu le connois.

ANGELIQUE.

Il n'eſt pas impoſſible qu'il y ait plus d'un Clitandre dans le monde.

CIDALISE.

Celuy que je connois eſt le vray Clitandre : mais ſon nom m'a paru vous embaraſſer, vous le connoiſſez aſſurément.

ANGELIQUE.

C'eſt un jeune homme aſſez bien fait.

CIDALISE.

Tout des mieux faits.

ANGELIQUE.

Spirituel & de bon gouſt.

CIDALISE.

Plein d'eſprit & de délicateſſe.

ANGELIQUE.

D'une converſation agreable.

CIDALISE.

Qui ne m'a jamais ennuiée.

ANGELIQUE.

Il eſt de famille de Robe.

CIDALISE.

Oüy, mais il ne laiſſe pas d'aller à l'armée.

ANGELIQUE.

Volontaire.

CIDALISE.

Vous le connoissez ; c'est luy-même.
Parlez, m'est-il fidelle ? ne me déguisez
rien. Me trompe-t'il, vous le sçavez.

ANGELIQUE.

Mais, vrayment à ce compte, il faut
qu'il trompe l'une de nous deux.

CIDALISE.

Ah ! je suis la malheureuse, il vous aime.

ANGELIQUE.

Il me le juroit encore la veille de son
départ.

CIDALISE.

La veille de son départ !

ANGELIQUE.

Il n'y a guere plus d'un mois.

CIDALISE.

Un mois, dites-vous, ah ! je respire.
Vous estes la plus trompée ; il n'y a que
quinze jours qu'il s'en est allé.

ANGELIQUE.

Comment ?

CIDALISE.

Tout le monde le croyoit party comme
vous ; mais il a esté quelque temps caché
dans une maison voisine de la nostre, dont
les fenestres répondoient aux miennes.

ANGELIQUE.

Cela est fort passionné. Et que faisoit-il
dans cette maison ?

CIDALISE.

Il paſſoit les jours à m'écrire , & les nuits à m'entretenir.

ANGELIQUE.

Ah ! je n'en appelle plus. Je ſuis la ſacri-fiée ; voila filer le parfait amour.

CIDALISE.

Tu vas eſtre en colere contre moy.

ANGELIQUE.

Moy , mon enfant , je donnerois tous les hommes du monde pour un amie. Un Amant de moins n'eſt pas une affaire , & ma Cour n'eſt que trop nombreuſe.

CIDALISE.

Que tu es heureuſe !

SCENE VI.

ANGELIQUE , CIDALISE LISETTE.

LISETTE.

VOila voſtre petit Maiſtre à chanter Madame.

ANGELIQUE.

Je ne prendray point de leçon aujourd'huy.

LISETTE.

Ah ! Madame, ne luy faites pas perdre son étalage. Il est paré, poudré, beau comme un adonis. Il a du blanc, du rouge, & des mouches.

CIDALISE.

Ah ! ma bonne, en faveur du rouge & des mouches, il ne faut pas le renvoyer. Il nous réjoüira.

LISETTE.

Ce seroit un petit homme à s'aller pendre.

ANGELIQUE.

Mais je ne suis point en humeur de chanter, Lisette.

LISETTE.

Qu'importe. Il vous fredonnera quelques airs nouveaux.

CIDALISE.

Je seray ravie de l'entendre.

ANGELIQUE.

Les cœurs tendres sont pour la musique : qu'il entre.

CIDALISE.

Clitandre te tient au cœur, quelque mine quetu fasses tu es fâchée contre moy.

ANGELIQUE.

Et fy, fy, tu te moques, moy fâchée pour la perte d'un soûpirant ! J'en ay tous les jours une vingtaine de renvoy dans mon

anti-chambre. Approchez, Monſieur des
Soupirs, approchez.

SCENE VII.
ANGELIQUE, CIDALISE,
DES SOUPIRS, LISETTE.

CIDALISE.

AH, ma bonne, quel excés de magni-
ficence ! Je croyois que la danſe ſeule
pouvoit ſuffire à de ſi grands airs.

ANGELIQUE.

La danſe a tenu quelque temps le hauẽ
du pavé ; mais Monſieur des Soupirs fait
prendre le pas devant à la muſique.

LISETTE.

Ah, cela n'eſt-il pas juſte ! C'eſt la muſique qui fait aller la danſe, mais la danſe
ne fait point chanter la muſique.

CIDALISE.

C'eſt une verité inconteſtable.

LISETTE.

Aſſurément, & par toutes ſortes de rai-
ſons les Chevaliers de c ſol ut doivent
l'emporter ſur les Marquis de la capriole.

DES SOUPIRS.

Je me ſuis donné un caroſſe depuis quelques jours, Madame.

ANGELIQUE.

Un caroſſe, Monſieur des Soupirs, voila une matiere belle pour la médiſance: Combien de femmes vont eſtre ſoupçonnées d'avoir part à cét equipage !

DES SOUPIRS.

Vous ne ſçauriez croire, Madame, tous les contes qui s'en font déja, & les plaiſanteries qu'on m'en dit à moy-méme.

CIDALISE.

Elles n'ont rien de deſavantageux pour vous, & vous eſtes toûjours le Heros de tous les contes qu'on peut faire.

DES SOUPIRS.

Madame.

LISETTE.

Mais, vous ne parlez point à Monſieur de ſon teint ; où le prend-il, Madame ? on peut dire qu'auſſi bien que les mouches, il eſt aſſurément de la bonne faiſeuſe.

ANGELIQUE.

Tay-toy donc, folle.

LISETTE.

Monſieur des Soupirs eſt bon Prince, Madame : Il entend raillerie autant qu'homme du monde.

CIDALISE.

Mais voyez donc, Madame, qu'il eſt bien fait, & qu'il a bon air !

DES SOUPIRS.

Madame.

CIDALISE.

Qu'il foûtient fpirituellement tous les complimens qu'on luy fait.

DES SOUPIRS.

Madame.

ANGELIQUE.

Comment, ma chere ; c'eft fon moindre talent que la mufique.

DES SOUPIRS.

Madame.

CIDALISE.

Qu'il y a de delicateffe dans tout ce qu'il dit !

LISETTE.

Voila un pauvre petit diable en bonne main.

DES SOUPIRS.

A vous parler naturellement , Madame, je n'ay jamais regardé la mufique que comme un amufement.

ANGELIQUE.

N'a-t'il pas raifon ?

DES SOUPIRS.

J'eftois né pour toute autre chofe ; mais je ne me repens point du party que j'ay pris , puifqu'il me donne quelquefois les moyens d'eftre auprés de Madame.

CIDALISE.

Ah ! voila du plus tendre, & du plus delicat.

ANGELIQUE.

Malgré la guerre & la saison, je ne manque pas de fleurettes comme tu vois.

DES SOUPIRS.

Le printemps de Paris chassera les plumets.
Les ardeurs de l'Eté feront tarir la Seine ;
Mais sans adorateurs, jamais
Nulle saison ne surprendra Climene.

ANGELIQUE.

Ah que cela est joliment tourné.

CIDALISE.

C'est un impromptu, je croy.

DES SOUPIRS,

Oüy, Madame.

ANGELIQUE.

Climene, c'est moy apparemment ?

DES SOUPIRS.

Ouy, Madame.

CIDALISE.

Je ne croyois pas que Monsieur des Soupirs fist des vers.

LISETTE.

Cela vous étonne fou, Musicien & Poëte, qui dit l'un, dit l'autre : c'est la même chose.

CIDALISE.

CIDALISE.

Poëte & Muſicien; il pouroit faire tout
ſeul un Opera.

ANGELIQUE.

Ne penſez pas railler. Il y reuſſiroit
mieux qu'un autre.

CIDALISE.

Je ne raille point.

ANGELIQUE.

'Allons, Monſieur des Soupirs, chantez-
nous quelque air nouveau, je vous prie,
de voſtre compoſition.

DES SOUPIRS.

Voulez-vous prendre voſtre Theoibe,
Madame.1

ANGELIQUE.

Je ne ſçaurois.

DES SOUPIRS.

Vous ne chanterez pas, Madame?

ANGELIQUE.

Non, je vous prie de m'en diſpenſer.

LISETTE.

La voix de Madame a la migraine. Chátez.

DES SOUPIRS.

Que je hais la clarté du jour.
Que cette nuit m'a parû belle!
Favorable à mon tendre amour,
Elle m'a fait revoir ma bergere fidelle;
Et le Soleil par ſon retour,
M'a forcé de m'éloigner d'elle.

C

LISETTE.

Ma, foy vous fustes pourtant bien moüillé; & le Soleil ou un fagot, ne vous auroient point incommodé.

DES SOUPIRS.

Cét endroit n'exprime-t'il pas bien le chagrin qu'on a de quitter ce qu'on aime? & le Soleil, &c.

ANGELIQUE,

Cela est parfait.

DES SOUPIRS.

Les paroles, que vous en semble?

CIDALISE.

Elles sont d'une grande beauté.

ANGELIQUE.

Et tout-à-fait dans la nature.

DES SOUPIRS,

Elles sont vrayes du moins, & je sçay la chose d'original.

CIDALISE.

Je l'entends, il en est l'auteur & le sujet.

DES SOUPIRS,

Madame.....

ANGELIQUE.

Avec quelle modestie il s'en deffend. Au moins, Monsieur des Soupirs, je veux que vous me donniez cét air.

DES SOUPIRS.

Quand il vous plaira, Madame.

CIDALISE.

J'en retiens un ; mais je veux sçavoir
l'avanture.

ANGELIQUE.

Entrez dans mon cabinet, & faites-en
deux copies en attendant qu'on nous fer-
ve. Vous dînerez avec nous.

DES SOUPIRS.

Madame.

ANGELIQUE.

Conduisez-le dans mon cabinet, Lisette,
il y trouvera tout ce qu'il luy faut.

LISETTE.

Allons, venez, petit fripon. Cela est
plus heureux qu'un honneste homme.

SCENE VIII.

ANGELIQUE, CIDALISE.

CIDALISE.

TU n'es pas bonne au moins.

ANGELIQUE.

Te crois-tu meilleure que moy ?

CIDALISE.

Je n'ay fait que te seconder.

ANGELIQUE.

Tu vois les plaisirs innocens que je me

donne pendant l'abfence du beau monde.
CIDALISE.
Ils font innocens, il eft vray. Mais pen-
fes-tu qu'on les regarde du bon cofté. Ces
petits Meffieurs font fanfarons, ils ont
trop peu d'efprit pour s'apercevoir qu'on
les raille, & trop bonne opinion d'eux-
mefmes pour ne pas croire qu'on les aime. Ils fe font un honneur de le publier,
& ne trouvent que trop de perfonnes qui
par beftife ou par malice, font faciles à
perfuader.
ANGELIQUE.
Ah ! que la morale a bonne grace dans
ta bouche, & que tu fais bien des reflexions. Nous verrons l'hyver qui vient de
tes maximes fur les Ecrans.
CIDALISE.
Fort bien, & l'on fera peut-eftre un ta-
bleau d'Almanach de tes avantures.
ANGELIQUE.
J'en ferois ravie, cela me feroit connoiftre à mille gens qui ne fçavent pas que
je fuis au monde.

SCENE IX.

CIDALISE, ANGELIQUE. LISETTE.

LISETTE.

MOnsieur des Soupirs eſt content comme un petit Roy, Madame. Il eſt
entré miſterieuſement dans voſtre cabinet
comme ſi je l'euſſe fait cacher, & je ga-
gerois qu'il prend cecy pour une avanture
dans les formes.

CIDALISE.

Tu vois que mes reflexions ſont aſſez
juſtes.

ANGELIQUE.

Je viens d'entendre arreſter un caroſſe.

LISETTE.

C'eſt Monſieur l'Abbé, je l'ay vû par la
feneſtre.

CIDALISE.

Quoy ! tu donnes dans les Abbez, ma
bonne, toy qui ne les pouvois ſouffrir.

ANGELIQUE.

Veux-tu que je demeure ſeule ? faute de
meilleure compagnie on s'accoutume à ces
Meſſieurs-là.

LISETTE.

Oh celuy-cy n'est pas comme un autre; il n'a point de Benefices, & il n'a pris le petit colet, que pour ne point marcher à l'Arriere-ban.

ANGELIQUE.

Tay-toy donc, il va venir.

LISETTE.

Bon, bon, Madame, avant qu'il ait consulté son petit miroir de poche, mordu ses lévres, arrangé les boucles de sa perruque, & pris l'avis de tous ses laquais sur sa parure, il en a pour un bon quart-d'heure sur l'escalier.

CIDALISE.

La pluspart des jeunes Abbez sont foux de leur ajustement.

LISETTE.

Jeune, Madame, celuy-cy a cinquante bonnes années, & je ne desespere pourtant pas qu'au premier jour pour toucher le cœur de Madame, il n'arbore le plumet & ne se fasse Cornette de Cavalerie, s'il ne peut d'abord estre Capitaine.

ANGELIQUE.

Veux-tu te taire, le voicy.

CIDALISE.

Ah! ma chere enfant, c'est le frere de mon tuteur.

ANGELIQUE.

Sauve-toy viste dans ma chambre. Il ne t'a point vûë, je ne tarderay pas à m'en debaraſſer. Hé bien, Liſette, vous n'avez donc point dit là-bas que je ne voulois pas eſtre au logis, & l'on me laiſſe monter tout le monde.

LISETTE.

C'eſt Monſieur l'Abbé Cheurepied, Madame.

ANGELIQUE.

Je ne dis plus rien, & l'ordre n'eſtoit pas pour luy.

SCENE X.

ANGELIQUE, LISETTE, L'ABBE'.

L'ABBE'.

JE me donnerois cét ordre à moy-même, ſi je croyois que ma preſence vous fuſt importune, Madame.

ANGELIQUE.

Oh pour cela, Monſieur l'Abbé, vous eſtes bien perſuadé qu'elle fait plaiſir, qu'on ne vous voit jamais autant de temps que l'on voudroit : Mais quelle metamorphofe. Je ne m'étonne pas fi je vous ay d'abord méconnu ; cette perruque alongée, le jufte-au-corps violet-bleu, la vefte brodée, vous allez à la Campagne apparemment.

L'A B B E'.
Non pas, Madame.

A N G E L I Q U E.
Quoy, pour demeurer à Paris vous vous mettez en habit de chaffe.

L'A B B E'.
Ce n'eft point un habit de chaffe, Madame.

L I S E T T E.
Et ne voyez-vous pas bien , Madame, que c'eft fon habit à bonnes fortunes.

A N G E L I Q U E.
Vous perdez l'efprit , Lifette.

L'A B B E'.
Hé , laiffez-la dïre, Madame. Ces petites libertez font plaifir.

L I S E T T E.
Mais auffi, n'ay je pas raifon. Il faut eftre tout un , ou tout autre. Monfieur l'Abbé dans cét equipage n'a l'air ny d'un Beneficier, ny d'un homme d'épée, & il n'y a perfonne qui ne le prenne pour un animal amphibie.

L'A B B E'.
Vous voyez par là , Madame, que je

tâche de m'accommoder à voftre gouft, &
je m'éloigne autant qu'il m'eft poffible du
petit colet & du manteau.

ANGELIQUE.

Vous ne me fçauriez faire plus de plaifir.

LISETTE.

Ma foy, Madame, le petit colet & le
manteau ne gâtent rien. On fe repent
quelquefois de s'en eftre défait ; & c'eft
une efpece de houffe, qui fait fouvent honneur à ceux qui la portent.

L'ABBE'.

Lifette eft franche, Madame, & il feroit a fouhaiter pour moy, que vous fuffiez
auffi fincere.

ANGELIQUE.

Vous doutez que je la fois, Monfieur
l'Abbé.

L'ABBE'.

Vos fentimens font impenetrables, Madame. On ne fçait jamais comme on eft
avec vous.

ANGELIQUE.

Eft-il fi difficile de vous en appercevoir?
& ne voyez-vous pas que vous y eftes autant bien qu'une perfonne de voftre caractere y doit eftre.

L'ABBE'.

Une perfonne de mon caractere : Ah !
Madame, je n'ay point encore de caractere.

LISETTE.

C'eſt un jeune enfant qui ne ſçait à quoy ſe déterminer.

L'ABBE'.

Oüy, Madame, j'attens vos réſolutions pour prendre les miennes. Expliquez-vous, je vous prie, vous ne me dites mot, mes beaux yeux, mes beaux ſourcils, ma belle Reyne.

LISETTE.

Monſieur l'Abbé a raiſon, Madame. Reprendra-t'il la houſſe ? voulez-vous qu'il ſe faſſe Mouſquetaire ? Il ne tient qu'à vous d'arracher un cœur à la moleſſe, & de donner un Guerrier de plus à l'Etat.

ANGELIQUE.

Ah ! les belles malines, Liſette.

LISETTE.

Ah ! que la réponſe eſt juſte.

ANGELIQUE.

Que je les voye de prés, Monſieur l'Abbé, je vous prie.

L'ABBE'.

Elles ſont aſſez bien choiſies.

ANGELIQUE.

Ah Ciel !

L'ABBE'.

Qu'avez-vous ?

ANGELIQUE.

Ah ! je n'en puis plus. Un fauteüil.

L'ABBE'

Ma belle Reine.

ANGELIQUE.

Un fauteüil , je me meurs. Ah ! ah !

LISETTE.

Madame.

L'ABBE'.

Quel mal imprévû.

ANGELIQUE.

Eloignez-vous de moy , Monsieur l'Abbé , vous avez des odeurs. Ah !

L'ABBE'.

Ce n'est que de la poudre de chipre , Madame.

ANGELIQUE.

Et c'est un poison qui me fait mourir. Sortez d'içy , je vous prie. Ah !

L'ABBE'.

Mais il me semble que.....

LISETTE.

Eh , les vilains Abbez avec leur poudre, ils en portent exprés pour donner des vapeurs aux Dames.

L'ABBE'.

Mais , vrayment j'en ay toûjours , & ce n'est que d'aujourd'huy que Madame m'en fait reproche. Je m'étonne pour moy......

LISETTE.

Le beau sujet d'étonnement. Les femmes font capricieufes, ne faut-il pas que leurs vapeurs le foient auffi.

ANGELIQUE.

Ah ! me voila malade pour quinze jours. Ah Monfieur l'Abbé ! vous eftes un cruel homme. Eh fortez , encore une fois fi vous m'aimez.

L'A B B E'.

Mes beaux yeux , je fuis au defefpoir.

LISETTE.

Eh fortez , vous vous defefpererez dans la ruë.

L'A B B E'.

Que je fuis malheureux !

LISETTE.

Sans cela nous allions peut-eftre fçavoir les fentimens qu'elle a pour vous.

L'A B B E'.

Voila un incident qui me paffe.

ANGELIQUE.

Ah ! Ah !

LISETTE.

Eh , fortez donc , Monfieur , vous em-peftez cet appartement. Voulez-vous dorner des vapeurs à tout le monde. Ah ! Ah !

L'A B B E'.

La maudite poudre ! je n'en mettray de ma vie.

SCENE

SCENE XI.

ANGELIQUE, LISETTE.

LISETTE.

VOus ferez fort bien. Adieu, allez prendre l'air dans la plaine.

ANGELIQUE.

Est-il party ?

LISETTE.

Oüy, Madame.

ANGELIQUE.

Va-t'en le dire à Cidalise.

LISETTE.

Ah ! Ah ! & les vapeurs sont-elles passées ?

ANGELIQUE.

Les vapeurs ! ah que tu es bonne. Est-ce que je suis sujette aux vapeurs, & m'en as-tu jamais vû.

LISETTE.

Quoy, la poudre de chipre.

ANGELIQUE.

Il falloit se debarasser de cét importun. L'idée des vapeurs m'est venuë, je m'en suis servie.

D

LISETTE.

La jolie chose que l'esprit d'une femme ! Par ma foy, j'ay si bien crû vos vapeurs veritables, qu'il a pensé m'en prendre par compagnie.

SCENE XII.

ANGELIQUE, LISETTE. JASMIN.

JASMIN.

Madame la Comtesse de Martin-secq, Madame.

ANGELIQUE.

Ah ! l'ennuieuse creature.

LISETTE.

Elle ne vous ennuira qu'autant que vous voudrez, & un petit trait de vapeurs vous en fera raison.

ANGELIQUE.

Va, va-t'en avertir Cidalise.

SCENE XIII.

ANGELIQUE, LA COMTESSE.

LA COMTESSE.

EH bon jour ma mignonne. Eh bon Dieu quel abandonnement ? quelle difette de compagnie ? Avec plus de merite que femme du monde, on vous trouve auffi effeulée qu'un Favory difgracié.

ANGELIQUE.

Vous voyez les triftes effets de la guerre, Madame.

LA COMTESSE.

Mais, vrayment fi elle continuë, je prévoy que pour ne pas s'ennuier tout l'Eté, il faudra prendre le party de faire un voyage fur la Frontiere.

ANGELIQUE.

Où aller, fervir volontaire dans quelque Regiment de faveur. Cela feroit-il de voftre gouft, Madame ?

LA COMTESSE.

Vous penfez railler ; mais fi fans choquer la bien-feance, on pouvoit prendre un habit d'homme, je vous jure que je ferois déja partie.

ANGELIQUE.

Vous avez un cœur de heros.

LA COMTÆSSE.

Ah ! voila Cidalife.

SCENE XIV.

ANGELIQUE, CIDALISE,
LA COMTESSE.

CIDALISE.

QUelle heureufe rencontre pour moy,
Madame !

LA COMTESSE.

Ma chere enfant , que j'ay de joyé à
vous voir.

ANGELIQUE.

Je vous croyois à la Campagne, Madame.

LA COMTESSE.

J'en fuis revenuë d'hyer au foir, & defert pour defert, j'aime autant Paris que
mon Chafteau.

ANGELIQUE.

On dit que c'eft un fi beau lieu, Madame.

LA COMTESSE.

Ouy, mais les lieux ne me paroiffent
charmans, qu'autant que j'y vois ce que
j'aime.

CIDALISE.

Ah ! qu'elle a bien raison.

LA COMTESSE.

Ma maison n'a plus d'agrément pour moy. Il est party le pauvre enfant ; & jusqu'à son retour qui est le temps que nous avons pris pour nous épouser, je n'auray point de vray plaisir dans la vie.

ANGELIQUE.

Ah ! je ne m'étonne plus, Madame, que vous soyez tant dans le goust d'aller visiter la Frontiere. Vostre Amant est à l'armée selon toutes les apparences.

LA COMTESSE.

Il n'y peut pas encore estre arrivé. Malgré son devoir, l'amour l'a retenu long-temps auprés de moy. Il n'est party que d'hyer aprés midy.

CIDALISE.

Il n'est party que d'hyer, Madame.

LA COMTESSE.

Que d'hyer. C'est ce qui m'a fait prendre le dessein de revenir icy.

ANGELIQUE.

Nous profitons de son absence.

CIDALISE.

Se mettre si tard en campagne, c'est un peu sacrifier sa gloire à son amour.

LA COMTESSE.

Je demeure d'accord que ce garçon

là m'aime extraordinairement.

ANGELIQUE.

Il paroift dans fa conduite autant de pru-
dence que de paffion.

LA COMTESSE.

Comment ?

ANGELIQUE.

Il a pris des mefures fort juftes , & pour
peu qu'il faffe diligence , il arrivera tout
à propos pour voir feparer l'armée.

CIDALISE.

C'eft peut-eftre luy qui porte les ordres
pour la faire entrer en quartier d'hyver.

LA COMTESSE.

Vous eftes toujours de la mefme humeur,
& pour ne pas perdre un bon mot, vous
facrifieriez toute la terre : mais vous chan-
geriez bien de langage & de fentimens fi
je vous avois dit qui c'eft.

ANGELIQUE.

Nous le connoiffons donc, Madame.

LA COMTESSE.

Pour Cidalife , je ne fçay ; mais pour
vous , vous ne connoiffez autre.

ANGELIQUE.

Trop de curiofité feroit indifcrete

LA COMTESSE.

Pourquoy ? ce n'eft point un myftere , &
nos affaires font dans une fituation à

n'eſtre pas long-temps ſecretes. C'eſt Clitandre.

CIDALISE.

Clitandre, juſte Ciel !

ANGELIQUE.

Clitandre !

LA COMTESSE.

Luy-meſme : D'où vient voſtre étonnement ?

CIDALISE.

Jamais ſurpriſe ne fut pareille à la mien-
ne. Clitandre !

LA COMTESSE.

Oüy, ouy Clitandre. Qu'y a-t'il donc
là de ſi ſurprenant ?

CIDALISE.

Je n'en puis revenir.

ANGELIQUE.

Moy, je ne puis m'empeſcher d'en rire.
Nos fortunes ſont pareilles à ce que je vois.

LA COMTESSE.

Comment, comment donc, qu'eſt ce
que cela ſignifie ?

ANGELIQUE.

Que vous vous confiez à vos rivales,
Madame.

LA COMTESSE.

A mes rivales !

ANGELIQUE.

Ne vous en fâchez point, Madame, et

seroit à nous de nous plaindre. Depuis un mois il est party pour moy. Il y a quinze jours qu'il fit ses adieux à Cidalise : & ce n'est que d'hyer qu'il prit congé de vous. Il me semble que vous n'estes pas la plus maltraitée.

LA COMTESSE.

Je ne comprens rien à ce que vous me dites.

ANGELIQUE.

Ce petit Gentil-homme fera une belle Campagne cette année.

LA COMTESSE.

Assurément, il fera une belle Campagne ; & je n'ay rien épargné pour son equipage.

CIDALISE.

Pour son equipage, Madame.

LA COMTESSE.

Ouy, vrayment pour son equipage.

ANGELIQUE.

Pour son equipage, ah! il n'y a pas le mot à dire ; & ce n'est pas sans raison qu'il a quitté Madame la derniere.

LA COMTESSE.

Je ne donne point dans vos plaisanteries, & je sçay ce qu'il faut que j'en pense.

ANGELIQUE.

Il n'est peut-estre pas encore bien party, & dans quinze jours, je ne desespere pas que quelqu'une de nos amies ne nous vienne aprendre de ses nouvelles. C'est un petit volontaire qui sert les Dames par quinzaines.

CIDALISE.

Non, je déteste tous les hommes, & je n'en verray de ma vie que pour les méprifer & me moquer d'eux.

SCENE XV.

ANGELIQUE, CIDALISE, LA COMTESSE, LISETTE.

LISETTE.

Voila Monsieur Patin, Madame.

LA COMTESSE.

Qu'est-ce que ce Monsieur Patin, ma mignonne ?

ANGELIQUE.

C'est un soupirant d'Eté, Madame, qui ne va point sur la Frontiere.

SCENE XVI.

ANGELIQUE, CIDALISE, LA COMTESSE, LISETTE, MONSIEUR PATIN.

M. PATIN.

VOus ne m'attendiez que ce soir, Madame, mais je me dérobe à mes affaires pour me donner tout entier au plaisir d'être auprés de vous.

ANGELIQUE.

Vous venez fort à propos, Monsieur Patin, & noftre petit cercle avoit befoin d'un chapeau.

M. PATIN.

Je fuis ravy de trouver fi bonne compagnie, & ces Dames je croy, voudront bien eftre de la partie que je viens vous propofer.

LA COMTESSE.

Quelle partie, il faut fçavoir auparavant ce que c'eft.

M. PATIN.

C'eft un petit regal que j'efpere ce soir avoir l'honneur de donner à Madame dans

ma maison de campagne , qui n'est qu'à
demy lieuë d'icy.

ANGELIQUE.

Quoy , toûjours regal sur regal ; tous les
jours des cadeaux & des presens même,
je ne parle point de ce que vous perdez
au jeu : mais en verité, Monsieur Patin ,
vous vous jettez dans une dépense effroya-
ble, & il faut estre ce que vous estes pour
la soûtenir.

M. PATIN.

Vous moquez-vous , Madame , ce ne
sont-là que des bagatelles.

LISETTE.

Hé, Madame, ces Messieurs les Finan-
ciers entendent bien leurs affaires , & s'ils
font en Eté si grosse dépense avec les Dames , ils ont pendant l'hyver , en revan-
che tout le temps de se ménager.

M. PATIN.

Oh pour moy l'hyver & l'Eté, je vais
toujours le mesme train.

CIDALISE.

Vous estes heureux d'y pouvoir suffire.

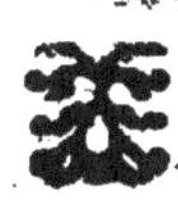

SCENE XVII.

ANGELIQUE, CIDALISE, LA COMTESSE, M. PATIN, LISETTE, JASMIN.

JASMIN.

MAdame, il y a là-bas un Monsieur dans une chaise qui demande si vous estes au logis.

ANGELIQUE.

Tu ne le connois point ?

JASMIN.

Il a le nez dans un manteau, & il prend grand soin de se cacher.

ANGELIQUE.

Voyez ce que c'est, Lisette.

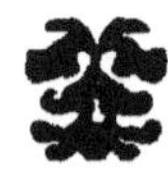

SCENE

SCENE XVIII.

ANGELIQUE, CIDALISE, LA COMTESSE, MONSIEUR PATIN.

LA COMTESSE.

C'Eſt quelque avanture d'Eté, ma mignonne.

ANGELIQUE.

Je le voudrois, nous nous en réjoüi-
rions, & cela tireroit peut-eſtre Cidaliſe
de ſa mauvaiſe humeur.

CIDALISE.

Ne m'en fais point la guerre, elle ne
durera pas je t'ens répons, & j'auray bien-
toſt pris mon party.

SCENE XIX.

ANGELIQUE, CIDALISE,
LA COMTESSE, DES SOUPIRS,
MONSIEUR PATIN.

DES SOUPIRS.

Madame, voila les deux copies que
vous m'avez demandées.

M. PATIN.

Ah ! Ah ! & voila Monſieur des Soupirs, il ſera des noſtres, Madame, ne le
voulez-vous pas bien.

ANGELIQUE.

De tout mon cœur, dans un repas rien
ne me fait tant de plaiſir que la muſique.

M. PATIN.

Nous en aurons, Madame, & de la
meilleure.

DES SOUPIRS.

J'ay fait un air ſur les paroles que vous
m'avez envoyées, Monſieur.

M. PATIN.

Hé bien eſt-il joly, eſt-il joly ?

DES SOUPIRS.

Vous en allez juger ſi vous voulez, &
Madame peut-eſtre voudra bien l'entendre.

ANGELIQUE.

Volontiers. Aussi-bien ces Dames sont réveuses. La conversation languit, une Chanson leur fera plaisir.

DES SOUPIRS.

Vous qui faites tous vos plaisirs
De regner dans le cœur des belles,
Il faut pour vous faire aimer d'elles,
Autres choses que des Soupirs.
Sans cadeaux & sans promenades,
L'Amour les tient peu sous ses loix ;
Et sans Crenet & la Guerbois,
Ce Dieu n'a que des plaisirs fades.

M. PATIN.

Hé bien, Mesdames, cette Chanson est de bon sens, qu'en dites-vous ?

ANGELIQUE.

Elle est fort de mode, je vous assure.

LA COMTESSE.

Et elle donne de l'appetit mesme.

CIDALISE.

Ouy, Crénet & la Guerbois, cela est de bon goust.

SCENE XX.

ANGELIQUE, CIDALISE, LA COMTESSE, DES SOUPIRS, M. PATIN, LISETTE.

ANGELIQUE.

HE' bien, Lisette.... Oh parlez haut, je ne hais rien tant que le mystere.

LISETTE.

Hé bien, Madame, c'est Clitandre qui arrive de l'armée incognito.

LA COMTESSE.

Clitandre, dit-elle.

ANGELIQUE.

Vous l'aviez deviné, Madame, c'est une avanture d'Eté. Je vous disois bien qu'il n'estoit pas tout-à-fait party.

CIDALISE.

En verité, c'est pousser l'impudence un peu trop loin, & pour moy je ne le veux point voir.

LA COMTESSE.

Oh si c'est luy je veux l'attendre moy, pour le dévisager.

LISETTE.

Que vous a-t'il donc fait Madame.

M. PATIN.

Quel eſt cét incident, je vous prie ?

ANGELIQUE.

Vous l'allez ſçavoir. Luy avez-vous dit qu'il y avoit compagnie.

LISETTE.

Non, Madame.

ANGELIQUE.

A la bonne heure. Entrez tous dans ma chambre, & n'en ſortez que bien à propos. Faites-le monter, Liſette, & ne l'avertiſſez de rien.

CIDALISE.

Mais, quel eſt ton deſſein ?

LA COMTESSE.

Je ne ſçay ce que vous voulez faire, mais ſi c'eſt Clitandre, je ne pretens pas qu'il m'échappe.

ANGELIQUE.

Vous ſerez contente, faites ſeulement ce que je vous dis. Paſſez viſte, Monſieur des Soupirs.

M. PATIN.

Faut-il me cacher auſſi moy, Madame ? je ſuis de taille difficile à cacher.

ANGELIQUE.

Entrez, Monſieur Patin, vous aurez voſtre part de la Comedie. Ah ! fourbe, fourbe, tu m'as trompée, & tu te livres bien heureusement à la vengeance que j'en veux prendre.

SCENE XXI.

ANGELIQUE, CLITANDRE, LISETTE.

ANGELIQUE.

QUoy Clitandre, c'est vous ! Quitter l'Armée pour me venir voir, cét empressement me devroit faire plaisir ; mais je n'aime pas qu'aux dépens de vostre gloire, vous me donniez des marques de vostre tendresse.

CLITANDRE.

Il m'estoit impossible de vivre plus long-temps sans vous voir, un mois entier éloigné de vous : Si vous sçaviez avec quelle impatience l'Amour m'a fait voler icy....... Que vous diray-je, Madame, il sembloit qu'il m'eust presté ses aîles, & j'ay fait une diligence incroyable.

ANGELIQUE.

Il n'est pas permis de mentir si effron-tément.

CLITANDRE.

Que dites-vous, Madame ?

ANGELIQUE.

Serez-vous long-temps à Paris ?

CLITANDRE.

Je n'y puis demeurer plus de quatre jours.

ANGELIQUE.

Quatre jours ! faire tant de chemin pour estre si peu avec vos amis.

CLITANDRE.

Que ne ferois-je pas , Madame , pour estre un instant avec vous.

ANGELIQUE.

Que n'y faites-vous donc un plus long séjour. Regardez-moy , Clitandre , ne meritay-je pas bien ma quinzaine comme une autre.

CLITANDRE.

Que me dites-vous-là , Madame.

ANGELIQUE.

Vous estes un adroit fripon , Clitandre, puisque vous m'avez trompée.

CLITANDRE.

Madame.

ANGELIQUE.

Je vous le pardonne : allez , à cela prés vous estes un fort joly homme , & je veux bien encore estre de vos amies. Mais tou-tes les femmes ne sont pas bonnes comme moy , & je suis fâchée pour vous , que le hazard fasse rencontrer chez moy Cidalife.

CLITANDRE.

Cidalife, Madame.

ANGELIQUE.

Dites-luy qu'elle vienne, Lifette, & que Clitandre brufle d'impatience de la voir.

CLITANDRE.

Moy, Madame !

LISETTE.

Je commence à démefler l'avanture.

ANGELIQUE.

Quoy qu'il n'y ait que quinze jours que vous l'avez quittée, elle ne fera point furprife de voftre retour ; & en quinze jours on fait bien des chofes.

CLITANDRE.

Me voila pris comme un fat, & fans un peu d'effronterie, j'auray peine à fortir d'intrigue.

ANGELIQUE.

Il ne faut point perdre contenance, quand on a de l'efprit, on fe tire aifément d'un mauvais pas.

CLITANDRE.

Ma foy, Madame, puifque vous eftes fi bonne, je vous avoüray tout ingenument ; mais pardonnez moy cette bagatelle, ou ne m'empefchez pas du moins de me juftifier auprés de Cidalife.

ANGELIQUE.

Moy, vous en empefcher. Je veux vous ayder à la tromper au contraire.

CLITANDRE.

Eftes-vous de bonne foy, Madame, & ne me trahirez-vous point ?

ANGELIQUE.

Vous connoiftrez ma fincerité : La voicy.

SCENE XXII.

ANGELIQUE, CLITANDRE, CIDALISE, LISETTE.

CLITANDRE.

L'Amour eft un bon guide, Madame ; je vous aurois cherchée vainement chez vous, & c'eft luy qui m'a fait enten-dre que je vous trouverois icy.

CIDALISE.

Vous n'y feriez pas venu fi l'Amour vous avoit donné de bons avis.

CLITANDRE.

Qu'auroit-il pû me dire, Madame, qui m'euft fait craindre de vous voir. Parlez, vous a-t'on prevenuë contre moy, &

quinze jours d'absence me feront-ils vous retrouver infidelle.

CIDALISE.

Le scelerat! qu'avez-vous fait Monsieur depuis que vous m'avez quittée?

CLITANDRE.

Moy, Madame, j'ay joint l'Armée; j'ay vû l'ennemy, je me suis fait voir à nos Generaux, j'ay fait le coup de pistolet, pris quelques Officiers prisonniers; l'Amour m'a rappellé vers vous, je suis revenu sans reflexion.

ANGELIQUE.

On ne peut pas rendre un compte plus juste, & tu dois estre satisfaite.

CIDALISE.

Oh je n'y puis plus tenir, en verité, & j'ay trop d'horreur pour l'imposture.

CLITANDRE.

Madame....

CIDALISE.

C'en est fait, Clitandre, rompons sans bruit & sans éclaircissement. Je vous connois trop pour vous aimer encore, & je vous estime trop peu, pour avoir du ressentiment contre vous.

CLITANDRE.

Madame.

ANGELIQUE.

Elle s'explique net, & pour elle comme pour moy, vous aurez de la peine à vous faire croire innocent.

CLITANDRE.

Lisette ?

LISETTE.

Monsieur.

CLITANDRE.

Qu'est-ce que tout cela signifie ?

LISETTE.

Je n'en suis pas trop informé ; mais autant que j'en puis juger, on a fait entendre à ces Dames que depuis vostre dernier depart, vous avez toujours esté en garnison dans le Chasteau de Martin-secq.

CLITANDRE.

Dans le Chasteau de Martin-secq ! & qui peut avoir fait ces contes ?

SCENE XXIII.

ANGELIQUE , CLITANDRE, CIDALISE , LA COMTESSE, M. PATIN , DES SOUPIRS, LISETTE.

LA COMTESSE.

C'Est moy monstre qui les ay faits. Oseras-tu me démentir.

LISETTE.

Allons, ferme, Monsieur, il faut sauter le fossé.

CLITANDRE.

Madame.

LA COMTESSE.

Répons, répons, répons donc.

CLITANDRE.

Moy, Madame , je n'ay rien a répondre, que voulez-vous que je vous dise? le respect me ferme la bouche, & je m'en vais prendre la poste.

LA COMTESSE.

Non, traitre , & puisque tu n'es pas party , tu ne partiras point , sur mon honneur.

SCENE

SCENE XXIV.

ANGELIQUE , CLITANDRE, CIDALISE , LA COMTESSE, M. PATIN , DES SOUPIRS, LISETTE.

M. PATIN.

ET bon jour, Monsieur, serviteur.

CLITANDRE.

Ah , Monsieur Patin, vostre valet.

M. PATIN.

Eh bien , vous revenez de l'Armée, quelle nouvelle?

CLITANDRE.

Tout le monde revient , & les Bourgeois n'ont qu'à déguerpir , Monsieur Patin.

DES SOUPIRS.

Avez-vous bien tué des Allemans, Monsieur.

CLITANDRE.

Mon pauvre Monsieur des Soupirs, pour tout exploit , j'ay fait donner les étrivieres à un Maistre à chanter qui faisoit le mauvais plaisant.

F

DES SOUPIRS.

Il avoit tort.

CIDALISE.

Il est brutal , & n'aime pas qu'on le plaisante.

ANGELIQUE.

Il a raison.

CLITANDRE.

Vous estes bonne , Madame , & je connois vostre sincerité , je la reconnoistray, sur ma parole.

ANGELIQUE.

Oh ne prenez point vostre serieux. De quoy vous plaignez-vous ? vous nous avez joüées les premieres , demeurons bons amis, & ne parlons plus du passé.

LA COMTESSE.

Comment , Madame , ne parlons plus du passé ?

ANGELIQUE.

Ne vous emportez pas , Madame, on vous le cede : & il vous demeurera pour l'equipage.

SCENE DERNIERE.

ANGELIQUE , CLITANDRE, CIDALISE, LA COMTESSE, M. PATIN , DES SOUPIRS, LISETTE, JASMIN.

JASMIN.

Madame , on a servy.

ANGELIQUE.

Allons nous mettre à table , nos differens s'y termineront mieux qu'icy , & nous irons tous ensemble souper ce soir chez Monsieur Patin.

CLITANDRE.

Sans rancune , Madame.

ANGELIQUE.

Donnez la main à la Comtesse , vous avez interest de la ménager.

LA COMTESSE.

Moy , je ne luy pardonneray qu'a condition qu'il ne partira point.

CIDALISE.

On prendra soin de le retenir, Madame.

LISETTE.

Ma foy, vivent les femmes de bon efprit, toutes les faifons leur font égales,
rien ne les chagrine, & jufqu'aux moin-
dres bagatelles, tour leur fait plaifir.

FIN.

www.ingramcontent.com/pod-product-compliance
Lightning Source LLC
LaVergne TN
LVHW022320170726
843503LV00006B/2615